By

Veröffentlichungen des Seminars für Internationales Recht an der Universität Kiel.

Herausgegeben von
Theodor Niemeyer.

5. Heft.

Aufgaben künftiger Völkerrechtswissenschaft.

Von
Theodor Niemeyer.

München und Leipzig.
Verlag von Duncker & Humblot.
1917.

By

Aufgaben künftiger Völkerrechtswissenschaft.

Von

Theodor Niemeyer.

(Veröffentl. d. Kieler Seminars f. Internat. Recht ▫ Heft 5.)

München und Leipzig.
Verlag von Duncker & Humblot.
1917.

Alle Rechte vorbehalten.

Altenburg
Pierersche Hofbuchdruckerei
Stephan Geibel & Co.

Vorwort.

Die Grundgedanken darzulegen, welche sich in drei Jahrzehnten wissenschaftlicher Beschäftigung und praktischer Berührung mit den Gegenständen des Völkerrechts zu Überzeugungen gestaltet haben, ist der Zweck dieser Bogen. Ich widme sie dem **jungen Geschlecht** und seinem in Feuer und Not bewährten und gehärteten Sinn für Wahrheit, Gerechtigkeit, Freiheit.

Kiel, 14. September 1917.

Th. Niemeyer

Inhalt.

		Seite
§ 1.	Maßstäbe der Wissenschaft	1
§ 2.	Maßstäbe der Völkerrechtswissenschaft	5
§ 3.	Die Zweckbeziehung der Völkerrechtswissenschaft . . .	12
§ 4.	Völkerrecht und nationales Recht	16
§ 5.	Nationalismus und Internationalismus	22
§ 6.	Die Anwendung des Rechtsgedankens auf das Verhältnis der Staaten	29

§ 1.
Maßstäbe der Wissenschaft.

I. Die alte Frage: „Gibt es Völkerrecht?" soll hier nicht erörtert werden. Auch die an den Weltkrieg anknüpfende neue Frage: „Gibt es noch Völkerrecht?" soll nicht behandelt werden. Daß die Bejahung beider Fragen ernstlichen Zweifeln nicht unterliegt, wird hier als feststehend angenommen.

Es gibt Völkerrecht nicht nur als Idee, sondern auch im Sinne positiver Geltung. Auch der Weltkrieg hat weder der Idee des Völkerrechts etwas anhaben können, noch hat er trotz tausendfältigen Bruches des Völkerrechts den Zusammenbruch des Völkerrechts bewirkt.

Indessen wird nicht jeder, der diesen Standpunkt teilt, ohne weiteres auch bereit sein, die Frage: „Gibt es Völkerrechtswissenschaft?" zu bejahen.

Die Frage ist hier natürlich nicht in dem Sinne gemeint, daß es sich um ein Werturteil über die bisher erreichten Leistungen der Völkerrechtswissenschaft handelt. Vielmehr ist die Frage darauf gerichtet, ob Völkerrechtswissenschaft im Begriff und in der Idee gegeben, oder, anders ausgedrückt, ob sie möglich sei.

Eine kurze Verständigung über gewisse grundsätzliche Voraussetzungen dieser Frage ist hier unentbehrlich.

Um zu wissen, ob es Völkerrechtswissenschaft in dem bezeichneten Sinne gibt, müssen wir einerseits das Wesen der Wissenschaft, andererseits den Bestand der Lebenserscheinungen ins Auge fassen, welche als Gegenstand der Völkerrechtswissenschaft in Betracht kommen.

II. Der Begriff der Wissenschaft darf in diesem Zusammenhang weder nach philosophischem Maßstab, noch nach rein sprachlichen Gesichtspunkten genommen werden. Es handelt sich nicht um eine Feststellung des immanenten, „formalen", Wesens der Wissenschaft, und es handelt sich auch nicht um eine sprachwissenschaftliche Untersuchung. Vielmehr ist lediglich tatsächlich und lediglich gegenständlich, also was man gewöhnlich nennt „rein praktisch" zu ermitteln, welcher Sinn verständigerweise mit dem Begriff Wissenschaft verbunden wird.

Wissenschaft in diesem Sinn ist der Ausdruck für Forschungstätigkeit, welche in bewußter Weise auf Erlangung von Wissen und Erkenntnis zu dem Zwecke gerichtet ist, dem menschlichen Fortschritt zu dienen. Die Zweckbeziehung auf den allgemeinen Fortschritt ist dabei das wichtigste. Abzulehnen ist der Einwurf, daß auch derjenige Wissenschaft treibe, der lediglich für sein persönliches Bedürfnis forscht. Studium und Forschung ist zweierlei. Nicht jede auf Erkenntnis gerichtete Mühewaltung ist Wissenschaft. Wer Ameisen beobachtet, wer technische Erfindungen, wer physikalische Entdeckungen macht, wer Völker und Länder studiert, oder wer Urkunden durchforscht nur vom Standpunkt persönlicher Wißbegierde aus, arbeitet an seiner Bildung, aber nicht an der Wissenschaft. Wer die Errungenschaften jener Forschung für sich behält oder vergräbt, kann ein großer Gelehrter und genialer Forscher sein. Aber er ist kein Pfleger der Wissenschaft. Seine Arbeiten können nachträglich aufgedeckt und zu wissenschaftlicher Forschung erhoben werden. Das ist aber dann eben eine nachträgliche Erweckung für die Wissenschaft.

Wissenschaft ist nach Methode und Ziel sozial und zweckbezüglich.

Die Zweckbeziehung auf den allgemeinen Fortschritt führt zu den Forderungen einerseits der Aufstützung der wissenschaftlichen Forschung auf die Arbeit der Vergangenheit, andererseits der Fühlung mit der wissenschaftlichen Mitwelt als Kriterien der wissenschaftlichen Arbeit. Die Nichtkenntnis oder Nichtbeachtung aller bereits getanen Arbeit ist wissenschaftswidrig, weil sie das Ziel des Gemeinbesitzes verkennt. Geistige Abschließung gegen die Mitwelt ist wissenschaftswidrig, weil sie gegen die sozialen Gesetze der Arbeitsteilung und der Arbeitshilfe verstößt.

III. Die Anwendung der vorstehend dargelegten Gesichtspunkte auf die Völkerrechtswissenschaft macht keine besondere Schwierigkeit. Die Notwendigkeit jener Gesichtspunkte ist im Gebiet der Völkerrechtsforschung allgemein anerkannt. Ihre theoretische Betonung geschieht hier nur deswegen, weil hervorgehoben werden muß, daß für das Ob und Wie der Völkerrechtswissenschaft wie jeder anderen Wissenschaft die Zweckbeziehung auf die Gemeinschaft entscheidend ist.

Es wird kaum nötig sein zu betonen, daß damit nicht etwa schon die besondere Beziehung des Völkerrechts zu der Gemeinschaftsorganisation als dem Gegenstand des Völkerrechts gemeint ist. Diese Beziehung ist später zu erörtern. In diesem Augenblick handelt es sich nur um die allgemein der Wissenschaft und in eben diesem allgemeinen Sinn auch der Völkerrechtswissenschaft innewohnende Zweckbeziehung zum Wissen und zur Erkenntnis der Allgemeinheit.

Aus der Förderung dieses Wissens, die als solche bereits die der Wissenschaft obliegende Mehrung des Gemeinbesitzes enthält, können sich bestimmte praktische Fortschritte in der Richtung der internationalen Staatenorganisation ergeben. Daß aber diese Entwicklungen nicht das von vornherein gesuchte Ziel der Wissenschaft bilden, daß vielmehr die Wissenschaft auch die Möglichkeit im Auge behalten muß, gewisse gemeinhin für wünschenswert oder für notwendig gehaltene Ziele als verfehlt zu erkennen, dies ist ein Moment, welches die Völkerrechtswissenschaft von der praktischen Politik unterscheidet, insbesondere von dem Pazifismus, welcher eine politische Richtung, nicht ein Zweig der Wissenschaft ist. Das gilt auch von dem sogenannten wissenschaftlichen Pazifismus.

IV. Wir haben bisher nur erörtert, wie Forschungstätigkeit im Bewußtsein und im Willen des Forschenden sowie in ihrem Verhältnis zur Allgemeinheit gerichtet sein muß, um wissenschaftliche Forschung zu sein. Das Prädikat „Wissenschaft" ist nun aber ferner von Umständen abhängig, welche in der Art und Begrenzung des Gegenstandes der Forschung liegen. Nicht jeder irgendwie gewählte und unbegrenzte oder aufs Geratewohl begrenzte Gegenstand kann wissenschaftlich behandelt werden. Vielmehr ist das in dem Wort Wissenschaft liegende Werturteil bedingt durch Umstände der Stoffauswahl und Stoffbegrenzung, welchen ich die Bezeichnungen **Bauwürdigkeit** und **richtige Abgrenzung** geben möchte.

Die gute Meinung und der auf Gemeinnützigkeit gerichtete Wille eines forschenden, sammelnden, schreibenden, lehrenden

Menschen genügen nicht, um für seine Tätigkeit das Prädikat der Wissenschaft im begrifflichen Sinn zu begründen. Auch der höchste Grad geistiger Kraftaufwendung, moralischer Tüchtigkeit und subjektiver Befähigung genügt nicht, um einer Tätigkeit jenes höchste Prädikat intellektuteller Entfaltung zu eigen zu machen. Es gibt reiches Wissen, das müßig, erstaunliches Sammeln, das unnütz, rastloses Forschen, das aussichtslos, hingebendes Streben, das zwecklos ist, weil ein Mangel vorliegt, den wir auch unbewußt leicht bemerken, welchen ins Bewußtsein zu bringen aber notwendig ist, und dessen Wesenheit darin liegt, daß die Mühewaltung nicht geleitet ist durch jenen gesteigerten Wirklichkeitssinn, welcher die Stoffauswahl den Wertmaßstäben unterwirft, die ich, wie gesagt, als Bauwürdigkeit und richtige Abgrenzung bezeichnen will, und welche beide bestimmt sind durch den obersten Grundsatz der Zweckbeziehung zum Gemeinfortschritt.

Nach diesen Maßstäben ist zu entscheiden, ob ein Gegenstand überhaupt wissenschaftlicher Behandlung fähig ist und wie weit oder eng ein Forschungsgebiet begrenzt werden darf, um als wissenschaftliche Disziplin zu gelten.

Jenen Maßstäben folgend verwerfen wir in der Gegenwart die Auffassung, daß Philosophie die einzige Wissenschaft sei[1]. Ihnen folgend erkennen wir heute an (oder leugnen vielleicht), daß Papyrologie, Numismatik, Daktyloskopie wissenschaftliche Disziplinen sind, nicht aber Philatelie und die Zahlenlehre gewerbsmäßiger Lotteriespieler.

Daß jene Maßstäbe nicht absolute Richtkraft gewähren, und daß bei ihrer Anwendung Verschiedenheiten und Wechsel der Ansichten sich geltend machen, liegt daran, daß sie auf **Wert urteile** hinauslaufen. Die Übereinstimmung und Geltungskraft der Ergebnisse wird um so besser gewahrt sein, je schärfer sie immer wieder der Kontrolle des Leitgedankens unterworfen werden: Zweckbeziehung zu dem Gemeinfortschritt.

V. Mit den letzten Bemerkungen haben wir bereits eine besondere für fast alle Wissenschaftsgebiete in Betracht kommende Begrenzungsfrage berührt, nämlich das Verhältnis der **wissen-**

---

[1] Hegel, Philosophie des Rechtes § 2: „Die Rechtswissenschaft ist ein Teil der Philosophie."

schaftlichen Technik zu der Wissenschaft selbst. Als wissenschaftliche Technik bezeichnen wir die generell bereitgestellten äußeren Mittel des wissenschaftlichen Betriebes. Ich rechne dazu ebensowohl die Terminologie, die Systematik sowie die Dogmatik wissenschaftlicher Disziplinen wie die Maschinen und sonstigen mechanischen Hilfsmittel der physikalischen, chemischen, psychologischen Wissenschaft. Ich sehe keinen sachlichen Grund für die Ausscheidung solcher wissenschaftlichen Technik von dem Begriff der Wissenschaft, während ich es allerdings für sehr nötig halte, stets in klarem Bewußtsein darüber zu bleiben, ob es sich im gegebenen Fall um technische Hilfsmittel der Wissenschaft oder um die Wissenschaft als zielgebenden obersten Zweckgegenstand handelt. Die Begriffsjurisprudenz des Privatrechtes hat diese Unterscheidung oft verkannt. Für die Völkerrechtswissenschaft hat dieser Gesichtspunkt besondere Bedeutung. Sie kann keinen schwereren Fehler begehen, als sich in das Schlepptau irgendwelcher juristischen Technik nehmen zu lassen.

§ 2.
Maßstäbe der Völkerrechtswissenschaft.

I. Es fragt sich also, was als Gegenstand der Völkerrechtswissenschaft in Betracht kommt, und ob diesem Gegenstand und in welcher Begrenzung ihm wissenschaftliche Bauwürdigkeit eignet.

Die engste mögliche Begrenzung des Gegenstandes ist: „Überstaatliches Recht", die weitestgehende: „Die Beziehungen der Staaten und Völker".

Indem ich sofort bekenne, daß ich der weitesten Ausdehnung den Vorzug gebe, füge ich hinzu, daß diese Auffassung den Grundgedanken und den Zweck der folgenden Darlegung bildet.

II. Fassen wir zunächst die engste mögliche Begrenzung des Stoffes ins Auge: die Beschränkung auf überstaatliches Recht. Der Ausdruck „überstaatlich" ist erst neuerdings gebildet worden und wird nicht immer in der gleichen Bedeutung angewendet. Ursprünglich war „überstaatlich" lediglich Übersetzung für „international" und so vieldeutig

§ 2. Maßstäbe der Völkerrechtswissenschaft.

wie das Fremdwort. Dann aber hat der Ausdruck „Überstaatliches Recht" begonnen, einen selbständigen Sinn gegenüber dem Terminus „Internationales Recht" anzunehmen, indem man mit ihm solches Recht bezeichnete, das über den Staaten steht, und zwar in dem Sinn, daß die Staaten ihm als einer von ihrem Willen unabhängigen höheren Ordnung unterworfen seien. Der Ausdruck „Überstaatliches Recht" wird im herrschenden Sprachgebrauch meist nur auf das positiv geltende oder als positiv geltend in Anspruch genommene oder in dieser Geltung bestrittene Recht angewendet, nicht auf die aus der Idee des Völkerrechts theoretisch abgeleiteten Grundsätze, von denen man mit gleicher Wortbedeutung aussagen — oder bestreiten — kann, daß sie über den Staaten stehen und unabhängig von dem Willen der Staaten sind.

Auch wenn die Völkerrechtswissenschaft auf überstaatliches Recht in dem soeben bezeichneten engsten Sinn beschränkt sein sollte, so würde sie dennoch begrifflich von dem Bestehen derartigen Rechtes in Vergangenheit und Gegenwart nicht abhängig sein. Auch die bloße Möglichkeit künftiger Entstehung solchen überstaatlichen Rechtes stellt begrifflich einen Gegenstand dar, dessen wissenschaftliche Behandlung nicht nur als an sich möglich, sondern als notwendig angesehen werden muß, und daher gehört die Frage, ob die Möglichkeit solchen überstaatlichen Rechtes besteht, zu den elementaren Aufgaben der Völkerrechtswissenschaft. Der etwaige Nachweis, daß es in der historischen Wirklichkeit überstaatliches Recht in dem hier vorausgesetzten Sinn nicht gibt, führt also auch bei der gleichfalls hier vorausgesetzten engsten Begiffsbestimmung des Gegenstandes nicht zu der Todeserklärung der Völkerrechtswissenschaft, sondern ist selbst völkerrechtswissenschaftlichen Inhaltes und führt zu der besonderen völkerrechtwissenschaftlichen Fragestellung, wie es mit der Möglichkeit künftigen überstaatlichen Rechtes bestellt sei.

Somit ergibt sich auch bei ungünstigster, engster Begrenzung des Gegenstandes die grundsätzliche Bejahung der Völkerrechtswissenschaft.

III. Die praktische Bejahung der Wissenschaftseigenschaft ist aber noch abhängig von der Frage der Bauwürdigkeit

§ 2. Maßstäbe der Völkerrechtswissenschaft.

und von der mit dieser engstens verbundenen Frage der richtigen Begrenzung. Daß diese Maßstäbe nicht dialektischer Natur sind, sondern an Erfahrungsbedürfnisse anknüpfen und auf Werturteile hinauslaufen, ist bereits gesagt. Auf Völkerrechtswissenschaft angewendet und auf überstaatliches Recht als deren allein möglichen Gegenstand beschränkt, bedeuten jene Maßstäbe nichts anderes als die Frage: Ist es eine richtige, auf Bauwürdigkeit und richtige Abgrenzung Bedacht nehmende Aufgabenstellung für die Wissenschaft des Völkerrechtes, lediglich zu untersuchen, ob und inwiefern es überstaatliches Recht gibt oder geben kann.

Die Frage ist zu verneinen. Der Rahmen der Völkerrechtswissenschaft muß weiter gespannt werden.

Zwar darf man nicht von vornherein sagen, wozu extreme Positivisten neigen könnten, daß die auf überstaatliches Recht beschränkte Völkerrechtswissenschaft infolge Stoffmangels dem Tode verfallen sei. Dem steht die naturrechtliche Schule des Völkerrechts entgegen. Hugo Grotius[1] ebenso wie seine Vorläufer und seine Nachfolger haben überstaatliches Völkerrecht aus der Natur der Sache abgeleitet. Bluntschli[2] hat überstaatliches Völkerrecht kodifiziert, und die politische Entwicklung des Weltkrieges hat in überraschender Weise die Macht naturrechtlicher Völkerrechtsideen gezeigt. Es kann keinem Zweifel unterliegen, daß die auf die immanente Geltung überstaatlichen ungeschriebenen Völkerrechts gerichtete Auffassung in der Gegenwart eine Kraft besitzt, welche alles in

---

[1] Wenn man Hugo Grotius als Vertreter rein naturrechtlicher Auffassung des Völkerrechtes betrachtet, so ist dies nicht ganz richtig. Sowohl der Gedanke des Staatenkonsenses als positiver Quelle des Völkerrechts als auch der Gedanke der Interessensolidarität als Motiv des völkerrechtlichen Staatenkonsenses findet sich bei ihm ganz klar ausgesprochen: „Sed sicut cujusque civitatis jura utilitatem suae civitatis respiciunt, ita inter civitates aut omnes aut plerasque ex consensu jura quaedam nasci potuerunt et nata apparet, quae utilitatem respicerent non coetuum singulorum, sed magnae illius universitatis." (De jure belli ac pacis, Prolegomena.)

[2] Bluntschli war nicht Anhänger der naturrechtlichen, sondern der geschichtlichen Schule der Rechtswissenschaft. Trotzdem zeigt er starke naturrechtliche Tendenzen. S. z. B. „Das moderne Völkerrecht als Rechtsbuch" (3. Aufl.) §§ 3, 4, 8, 9.

dieser Hinsicht früher Dagewesene übertrifft, und welche vielleicht die Wirkung, jedenfalls aber die Tendenz hat, überstaatliches Völkerrecht nicht nur in der Idee, sondern auch mit bestimmtem Inhalt zu schaffen. Wegen Stoffmangels brauchte die Völkerrechtswissenschaft den begrifflichen Rahmen des überstaatlichen Völkerrechtes also nicht zu sprengen, und ganz gewiß bildet das Problem des überstaatlichen Völkerrechtes eine der wichtigsten Aufgaben künftiger Völkerrechtswissenschaft.

IV. Die Ansicht Spinozas, daß es überstaatliches Recht nicht nur nicht gebe, sondern auch nicht geben könne, wird auch heute mit Energie gegenüber der entgegengesetzten naturrechtlichen Auffassung vertreten. Auch die hiervon durchaus zu trennende andere Ansicht, daß nur überstaatliches Recht Völkerrecht sei, findet heute vereinzelte Anhänger. Diese letztere Ansicht aber muß als durch die unleugbare Tatsächlichkeit der Geschichte derart überwunden bezeichnet werden, daß die Wissenschaft über sie zur Tagesordnung übergehen kann. Jene Ansicht verkennt in doktrinärer Voreingenommenheit, daß es zwischenstaatliches. d. h. auf Vereinbarung der Staaten beruhendes Recht gibt, welches das Verhältnis der Staaten und den internationalen Verkehr der Staatsbürger jedenfalls im Frieden ebenso zweckentsprechend und ebenso gültig ordnet und beherrscht wie es eine durch überstaatliche Gesetzgebung geschaffene, durch überstaatliche Rechtsprechung und überstaatliche Exekutive geschützte Ordnung leisten könnte. Die grundsätzliche Ausschließung dieses auf Staatenkonsens beruhenden zwischenstaatlichen Rechtes von der Völkerrechtswissenschaft ist angesichts der Entwicklung, der Unionen, um das Wichtigste zu nennen, so unmöglich, daß darüber an und für sich kein Wort weiter zu verlieren ist. Aber eines muß hier doch betont werden, daß nämlich nicht begriffliche Erwägung, sondern der Zweckgedanke es ist, welcher jene künstliche Zerspleißung der in der Tatsächlichkeit des Lebens untrennbar zusammenhängenden Verhältnisse verbietet.

V. Der Zweckgedanke, welchem die Völkerrechtswissenschaft gewidmet ist, ist die Verfolgung des Rechtsgedankens im Verhältnis der Staaten. Dieser Gedanke fordert die Beobachtung, Sammlung und Prüfung schlechterdings aller Er-

§ 2. Maßstäbe der Völkerrechtswissenschaft.

scheinungen, welche dieses Verhältnis angehen. Die Ergebnisse dieses analytischen, induktiven Verfahrens mögen nachträglich nach deduktivem Verfahren gesiebt und synthetisch geordnet werden. Zunächst aber gilt es, den Stoff so reich und umfassend wie möglich zu sammeln.

Damit ist die Notwendigkeit einer noch weiteren Erstreckung des Stoffes der Völkerrechtswissenschaft berührt, nämlich die Forderung der Einbeziehung des aus dem einseitigen Willen der einzelnen Staaten fließenden, das Verhältnis zu anderen Staaten betreffenden Rechtsstoffes, für welchen ich den Ausdruck „auswärtig-staatliches Recht" vorschlage.

Sprachlich näher läge der einfachere Ausdruck „auswärtiges Recht". Angesichts der Ausdrücke „auswärtige Angelegenheiten, auswärtige Interessen, auswärtige Politik, auswärtiger Dienst, auswärtiges Amt" wäre sprachlich nichts dagegen einzuwenden. Aber einerseits würde leicht „auswärtiges Recht" und „ausländisches Recht" verwechselt werden. Anderseits fordert das terminologische Bedürfnis neben den Ausdrücken „überstaatliches Recht" und „zwischenstaatliches Recht" die möglichst entsprechende Gestaltung eines die dritte Erscheinungsgruppe der Reihe bezeichnenden Terminus, als welcher sich der Name „auswärtigstaatliches Recht" ungezwungen und sprachlich so zulässig wie „zwischenstaatliches Recht" usw. ergibt. — Für ihn spricht auch, daß als vierter Begriff der Reihe der Ausdruck „innerstaatliches Recht" bereits geprägt und gebräuchlich geworden ist. In bezug auf diesen Ausdruck und sein Verhältnis zu dem Begriff „auswärtig-staatliches Recht" habe ich zu bemerken:

„Auswärtigstaatliches Recht" und „innerstaatliches Recht" haben nach der von mir vorgeschlagenen Terminologie gemeinsam, daß sie auf dem einseitigen Willen eines einzigen Staates beruhen. Sie unterscheiden sich durch den Gegenstand. Den Gegenstand des „auswärtig-staatlichen Rechtes" bilden Tatbestände, welche in dem personalen oder territorialen Hoheitsgebiet anderer Staaten liegen oder sich in ihn hinein erstrecken, ferner Tatbestände, welche örtlich außerhalb des Gebietsbereiches irgendeines Staates liegen, insbesondere auf der hohen

See. Den Gegenstand des „innerstaatlichen Rechtes" bilden Tatbestände, welche innerhalb des eigenen territorialen oder personalen Hoheitsbereiches des Staates liegen. Es hängt also von den Grenzen der räumlichen und persönlichen Staatshoheit ab, ob im einzelnen Fall eine rechtliche Anordnung des Staates auswärtig-staatliches oder innerstaatliches Recht ist. Meinungsverschiedenheiten oder Zweifel über die Tragweite des Hoheitsrechtes übertragen sich also auf die Unterscheidung des auswärtig-staatlichen und des innerstaatlichen Rechtes. Obz. B. die staatliche Vorschrift, daß inländische Grundstücke, welche zum Nachlasse ausländischer Erblasser gehören, gemäß inländischer Erbrechtsordnung vererbt werden, als innerstaatliches oder auswärtig-staatliches Recht anzusehen ist, kann zweifelhaft erscheinen. Man wird geneigt sein, sie als innerstaatliches Recht anzusprechen. Die Vorschrift dagegen, daß Nachlässe ausländischer Erblasser, einschließlich inländischer Grundstücke, nach der heimatlichen Erbrechtsordnung des Erblassers vererbt werden, wird man vielleicht geneigt sein, als auswärtig-staatliche Vorschrift anzusehen. Ich betrachte beide Vorschriften als innerstaatliches Recht, weil beide lediglich Vorschriften für die Rechtspflegeorgane des die Vorschrift erlassenden Staates sind und nur den Sinn haben, daß sie von diesen Organen, soweit diese gemäß ihrer Amtszuständigkeit mit der Erbfrage des Ausländers befaßt werden, angewendet werden sollen. Soweit die Erbrechtsfragen im Ausland abzuhandeln sind, wollen beide Vorschriften nicht gelten, daher ergreifen die in beiden getroffenen Bestimmungen nicht Tatbestände, welche außerhalb des Hoheitgebietes des Gesetzgebers liegen. Doch stehen sich hier verschiedene Meinungen der Internationalprivatrechtler gegenüber, und die Grenzen beider Arten von Recht — auswärtig-staatliches und innerstaatliches — sind in der Tat flüssig, so flüssig wie die Tatbestände, wie die Hoheitsgrenzen und wie das Verhältnis beider. Aber das Vorkommen von Zwischengebilden und von zweifelhaften Formen ist kein Grund, auf die Begriffsunterscheidung zu verzichten, wenn diese nur für die Regel den ihr zugemuteten terminologischen Dienst leistet.

VI. Seestraßenrecht, Konsularwesen, Prisengerichtsverfassung. Internationales Privatrecht (im weitesten Sinn des Wortes), Staatsangehörigkeits- und Fremdenrecht, Nationalität der Schiffe sind internationale Materien, in welchen das „auswärtig-staatliche" Recht, die Maßgeblichkeit des Rechtes der einzelnen Staaten, vorherrscht, zum Teil ausschließlich herrscht. Die Einbeziehung dieser Materien in die Völkerrechtswissenschaft hat wie beim überstaatlichen oder zwischenstaatlichen Recht einen zweifachen Sinn, zunächst den der Einbeziehung der Vorschriften, sodann den der Einbeziehung der Probleme. Für ein internationales Problem kann wahlweise eine auswärtigstaatliche, eine zwischenstaatliche, eine überstaatliche Lösung in Betracht kommen. Diese Lösungsarten stehen in gewissem Sinn in einer Rangordnung, mit der auswärtig-staatlichen als der untersten Stufe beginnend. Die historische Entwicklung ist vielfach so, daß die eine Art durch die andere ausdrücklich abgelöst wird, vielfach auch so, daß die eine Art im Wege stillschweigenden, gewohnheitsrechtlichen Einverständnisses in die andere übergeht. Die Ersetzung der auswärtig-staatlichen durch die zwischenstaatliche Lösung wird oft durch fortschreitende Annäherung und schließliche Gleichmachung der verschiedenen staatlichen Vorschriften vorbereitet. Letztere vollzieht sich manchmal (so beim Seestraßenrecht) so vollkommen, daß das Bedürfnis zwischenstaatlicher Festlegung gar nicht empfunden wird. Der Inhalt der Pariser Seerechtsdeklaration gilt im Verhältnis eines Teiles der Seestaaten als zwischenstaatliches Recht, im Verhältnis anderer Staaten nur als übereinstimmendes auswärtig-staatliches Recht. Kurz, die formale Art der Lösung erscheint als unwesentlich gegenüber dem materiellen Bedürfnis eines bestimmten Inhaltes der Regelung.

Alles dies spricht dafür, daß die Abgrenzung des Gegenstandes der Völkerrechtswissenschaft unabhängig gestellt werden muß, sowohl von der Art wie von dem Maß der historisch gegebenen Regelung, da die Arten der Regelung wechseln und das Maß der geregelten Materie wächst. Das, worauf es bei der Stoffbegrenzung ankommt, ist die Zweckbeziehung auf den Gemeinfortschritt im Verhältnis der Staaten unter dem Maßstab des Rechtsgedankens. Jede Erscheinung, welche, sei es als Lösungsversuch, sei es als Problem, dieses Verhältnis betrifft, ist Gegenstand der Völkerrechtswissenschaft.

§ 3.
Die Zweckbeziehung der Völkerrechtswissenschaft.

I. Wissenschaft ist Forschung für Gemeinzwecke.

Die Forderung der reinen, zwecklosen (d. h. zweckbefreiten) Wissenschaft ist eine Redewendung, deren Ursprung in dem Bedürfnis liegt, die an und für sich selbstverständliche Forderung hervorzuheben, daß der Name der Wissenschaft nicht Bestrebungen als Deckmantel diene, welche etwas ganz anderes sind als wissenschaftliche Forschung. Daß der Name der Völkerrechtswissenschaft nicht als Aushängeschild für die Verfolgung persönlicher Zwecke, auch nicht als Maske für die unaufrichtige Vertretung politischer Interessen, nicht als Beschönigung für Trägheit, Feigheit, Eigennutz, Machtgier, Verleumdung dienen darf, sollte so selbstverständlich sein, daß man darüber nicht zu reden hätte. Es würde darüber hier auch kein Wort gesagt zu werden brauchen, wenn nicht die Beziehung der Völkerrechtswissenschaft zur auswärtigen Politik der einzelnen Staaten und das diplomatische Prinzip der Verschiedenheit der Moral für Individuen und für Staaten eigenartige Schwierigkeiten mit sich brächte.

Für die Vertreter der Völkerrechtswissenschaft erwächst aus diesen Umständen nicht selten eine Pflichtenkollision, welche sich, roh ausgedrückt, auf die Frage zuspitzt: Darf der Vertreter der Völkerrechtswissenschaft seinem eigenen Staat öffentlich Unrecht geben? Darf oder muß er der einseitige Advokat seines Staates sein?

Der Völkerrechtsgelehrte, welcher bewußtermaßen wider seine Überzeugung seinem Staate Recht gibt, um den politischen Interessen dieses Staates zu dienen, lügt und schändet den Gedanken des Rechtes wie die Würde der Wissenschaft. Er schädigt außerdem die wohlverstandenen Interessen seines Staates in stärkerem Maße, als er ihnen im Augenblick nützen kann. Wer anderseits einen Völkerrechtsgelehrten beschuldigt, sich des Vergehens der vorsätzlichen Völkerrechtsverdunkelung schuldig gemacht zu haben, spricht ihm die berufliche Ehrenhaftigkeit und die moralische Würdigkeit zur Priesterschaft an der Wissenschaft ab. Die leichtfertige, ungerechte Erhebung

§ 3. Die Zweckbeziehung der Völkerrechtswissenschaft. 13

dieser Anschuldigung verdient dieselbe schwere Verurteilung wie das Verbrechen selbst. In beiden Fällen handelt es sich um Sünden wider den heiligen Geist der Wissenschaft.

Es gibt eine Diplomatie, welche aus der Anerkennung dieser Sachlage den Schluß zieht, daß die Völkerrechtswissenschaft und ihre aufrechten Vertreter unbrauchbar oder gar schädlich für die Geschäfte der auswärtigen Politik seien. Es gab Regierungen, welche es deswegen vermieden, Fachvertreter des Völkerrechtes zu praktischem Ansehen kommen zu lassen, sich ihrer Hilfe in Geschäften der auswärtigen Politik zu bedienen oder gar ihnen Einfluß auf diese Geschäfte einzuräumen. Nicht unter allen Umständen ist daraus ein Vorwurf gegen jene Regierungen abzuleiten, in Anbetracht der aus der Doktrin und Praxis der doppelten Moral unter Umständen sich ergebenden diplomatischen Verlegenheiten. Das wegen dieser Verhältnisse vor allem zu beschuldigende Moment ist der jeweilige Zustand der äußeren Staatenpolitik, welche sich des Völkerrechtes wohl als gelegentlichen Mittels, aber nicht als der Grundlage ihres Verhaltens zu bedienen gewöhnt ist.

Es liegt auf der Hand, daß die Regierungen, welche nicht von vornherein und generell das Völkerrecht als Richtschnur ihrer Politik nehmen, kein Interesse daran haben, Völkerrechtswissenschaft zu einer Höhe gelangen zu lassen, deren überragende Bedeutung die Diplomatie behindert. Daraus den Schluß zu ziehen, die Völkerrechtwissenschaft „müsse national politisiert werden", in dem Sinn, daß sie sich national der Politik der einzelnen Regierungen unterordnen und ihr gehorsam dienen müsse, ist ein Gedanke, welcher an seiner eigenen Niedrigkeit und Undurchführbarkeit scheitern muß. Die Regierungen werden die Hilfe der Völkerrechtswissenschaft nicht erst dann suchen müssen, wenn es gilt, Geschehenes zu rechtfertigen, sondern vielmehr in beständiger Fühlung mit der nationalen Völkerrechtswissenschaft als dem Gewissen des Staates ihrer diplomatischen Aufgaben walten. Sonst würde der nationalen Wissenschaft unter Umständen nichts übrig bleiben, als ihr Haupt zu verhüllen, nachdem Fehler begangen sind, die zu verhüten nicht in ihrer Macht stand, die zu rechtfertigen aber ein hohepriesterliches Berufsverbrechen sein würde.

Die Formel der interessenlosen Wissenschaft hat also

§ 3. Die Zweckbeziehung der Völkerrechtswissenschaft.

als Zurückweisung unlauterer Interessenvertretung selbstverständlich Berechtigung, auch sofern es sich um die Interessen nicht Einzelner, sondern ganzer Verbände handelt, möge der Verband den Namen Partei, Bundesgenossenschaft, Nation oder Staat haben.

II. So gewiß nun aber die Völkerrechtswissenschaft unlautere Interessenvertretung verpönen muß, so gewiß muß sie die lautere und zweckentsprechende Verfolgung derjenigen Zwecke zu ihrem obersten Gesetz erheben, welche in dem Gegenstand ihrer Forschung gegeben sind.

Diese Zwecke lassen sich zusammenfassen als: **Erforschung der Bedingungen eines dem Rechtsgedanken entsprechenden Verhältnisses der Staaten und Völker.**

Diese praktische Bezweckung der Völkerrechtswissenschaft verbietet die utopistische Behandlung des Stoffes in jedem ihrer Grade, sowohl in Gestalt des die Zukunft von Staat und Recht ablehnenden Anarchismus jeder Art (einschließlich der Ersetzung der Rechsordnung durch die Menschenliebe), als auch in Gestalt der auf Auflösung der Sonderexistenz der Staaten und auf deren Ersetzung durch den Weltstaat gerichteten Gedankengänge.

Dagegen ist eingeschlossen jede praktische Möglichkeit einer an die gegebene Wirklichkeit anknüpfenden und den Bestand einer Staatenmehrheit voraussetzenden Vergemeinschaftung der Staaten und Völker gemäß dem Grundgedanken der rechtlichen Ordnung.

Die ganze Reihe dieser Möglichkeiten muß in ihrer vollen Ausdehnung als Gegenstand völkerrechtswissenschaftlicher Forschung offen bleiben und gegen vorurteilsmäßige Ablehnung gesichert werden. Die Extreme einerseits einer lediglich einseitig staatlichen Regelung der internationalen Beziehungen, andererseits einer die Überstaatlichkeit des Völkerrechtes darstellenden universalen internationalen Organisation der gesamten Staatenwelt müssen als gedankenmäßig mögliche, der wissenschaftlichen Untersuchung zugängliche und bedürftige Formen internationaler Rechtsordnung gewürdigt werden.

III. Das praktische Zweckziel der Völkerrechtswissenschaft fordert auch in einer anderen Richtung die Ausdehnung des

Forschungsgebietes auf möglichst weit gespannte Möglichkeiten.

Die soziologische Anschauung, welche die neuere Entwicklung der Rechtswissenschaft kennzeichnet, hat namentlich auf dem Gebiete des Strafrechtes zu der Betonung der allgemeinen Zusammenhänge des sozialen Lebens und mittelst deren Würdigung zu den modernen Methoden der Kriminalpolitik geführt. Diese Methode muß auch in der Völkerrechtswissenschaft zu entscheidender Bedeutung erhoben werden.

Wir müssen „Völkerrechtspolitik" als Wissenschaft treiben.

In den übrigen Zweigen der Rechtswissenschaft ist mehr und mehr anerkannt worden, daß die juristische Technik (zu welcher auch die Dogmatik zu rechnen ist) nur als Mittel zum Zweck zu würdigen ist, und daß das der Rechtsordnung als Ziel gesetzte soziale Ideal nur zum kleinen Teil mit den Mitteln der juristischen Gesetzgebung und der juristischen Technik zu erreichen ist, während wichtigste Aufgaben teils besser, teils nur außerhalb des Rechtes zu lösen sind. Die Grenzen zu bestimmen und das richtige Einvernehmen zwischen Rechtspolitik und Ethik, Staatstätigkeit und Privathilfe herzustellen, ist eine in den übrigen Gebieten der Rechtswissenschaft mehr und mehr zur Anerkennung gelangte Aufgabe der erweiterten Rechtswissenschaft. Eine entsprechende Aufgabe hat auch die Völkerrechtswissenschaft zu lösen. Wir müssen auch die sozialen Grenzmarken des Völkerrechtes wissenschaftlich würdigen.

Staatengeschichte, Politik, Wirtschaft und Völkermoral sind vom Völkerrecht so wenig zu trennen wie Verwaltungslehre, Volkswirtschaft und Verfassungspolitik vom Staatsrecht, Psychologie, Gesellschaftslehre, Wohlfahrtspflege vom Strafrecht, Handels-, Bank-, Gewerbe-, Schiffahrts- und Landwirtschaftskunde vom Privatrecht.

Das Völkerrecht ist Mittel zum Zweck der Wohlfahrt im Verhältnis der Staaten und der Völker, wie das innerstaatliche Recht Mittel zum Zweck der Wohlfahrt im Staate ist.

§ 4.
Völkerrecht und nationales Recht.

I. Die Wissenschaft des Rechtes dient den Zwecken des Rechtes in dessen ganzem Umfang. Die Völkerrechtswissenschaft kann nicht Zwecken dienen, welche den Zwecken der Wissenschaft des innerstaatlichen Rechtes widersprechen, so wenig wie irgendein Zweig der Wissenschaft innerstaatlichen Rechtes den Zwecken richtiger Völkerrechtswissenschaft widersprechen kann. Das Verhältnis einerseits der Zwecke des innerstaatlichen Rechtes und seiner Wissenschaft, anderseits des Völkerrechtes und seiner Wissenschaft richtigzustellen, ist aber eine Aufgabe, welcher praktisch die größten Schwierigkeiten entgegenstehen.

Es ist die Kernfrage der Völkerrechtswissenschaft, um die es sich hier handelt.

Bevor zu dieser Stellung genommen wird, sind drei Bemerkungen zur Verständigung vorauszuschicken:

II. Erste Bemerkung.

Nicht die technische Unterscheidung zwischen Völkerrecht und Landesrecht ist es, welche in Frage steht, sondern das materiell-rechtspolitische Verhältnis zwischen beiden Gebieten.

Zwar spielt die technische Frage immer wieder hinein. Daß sich Völkerrecht auf Staatenkonsens, Landesrecht auf den Willen eines Staates gründet, und daß Völkerrecht sich auf die Verhältnisse von Staat zu Staat bezieht. während Landesrecht die Verhältnisse im Staat betrifft[1], ist eine Formel, welche einer bestimmten wissenschaftlichen Auffassung des Völkerrechts dogmatisch-technischen Ausdruck gibt, so daß die Billigung oder Mißbilligung der Formel von der Stellungnahme zu den materiellen, politisch-kritischen Grundfragen abhängt. Insofern betrifft die hier anzustellende Erwägung auch die technische Frage. Aber die Erwägung selbst steht nicht innerhalb der dogmatischen Technik. Sie betrifft vielmehr das allgemeine Wirklichkeits- und Wertverhältnis zwischen Staat und

---

[1] S. Triepel, Völkerrecht und Landesrecht, Leipzig 1899.

§ 4. Völkerrecht und nationales Recht. 17

Weltorganisation, zwischen staatlichen und internationalen Gemeinschaftsinteressen, zwischen Nationalismus und Internationalismus [1].

Noch näher wird die hier anzustellende Erwägung durch eine andere dogmatisch-technische Frage berührt, welche übrigens in der gleichen Richtung wie die soeben bezeichnete liegt, nämlich durch das Problem der Staatssouveränetät im Völkerrecht. Die These, daß nur der Staat souverän ist, und daß die Staatssouveränität durch Völkerrecht nicht beeinträchtigt werden kann, ist der dogmatisch-technische Niederschlag einer bestimmten wissenschaftlichen Stellungnahme zu dem sachlichen Grundproblem. Mit der Verwerfung dieser Stellungnahme fällt auch die aus ihr abgeleitete dogmatische Formel. Aber auch wer jene sachliche Stellungnahme für richtig hält, kann die technische Formel verwerfen. Also auch in dieser Hinsicht steht die hier zu behandelnde Frage außerhalb der dogmatischen Technik und über ihr.

III. Zweite Bemerkung.

Der Zweckgedanke ist es, welcher auch für das Verhältnis zwischen Völkerrecht und Landesrecht entscheidend sein muß. Wenn hinzugefügt wird: der Zweckgedanke im Dienste des „sozialen Ideals" (Stammler) oder „im Dienste der Idee des Rechts" oder „im Dienste des Kulturideals", so ändert dies nichts an der Maßgeblichkeit des Zweckgedankens für das von der Wissenschaft einzuschlagende Verfahren. Denn es gilt, in klarer Erkenntnis der Idee, dieser praktisch zu dienen. Das hat zu geschehen, indem zunächst die Aufzeigung derjenigen Tatsachen des internationalen Lebens zweckgemäß unternommen wird, welche der völkerrechtlichen Behandlung zugänglich und bedürftig erscheinen.

Sodann muß diejenige Behandlung der Tatsachen aufgezeigt werden, **durch welche dem Rechtsgedanken zweckvoll entsprochen wird**, und zwar zunächst ohne Rücksicht auf die aus der Tatsache der Staatenvielheit entspringenden **Kompetenzschwierigkeiten**.

---

[1] Ich darf hier auf meine Ausführungen „Vom Wesen des Internationalen Rechtes" in der „Ztschr. f. Internationales Recht" Bd. XX S. 1 ff. sowie in „Politische Extreme und Völkerrecht" in „Deutsche Revue" August 1910 (Rich. Fleischer) hinweisen.

§ 4. Völkerrecht und nationales Recht.

Die geographisch-politische Internationalität der Ströme und Meerengen, der Sklavenhandel, die Kaperei, die Praxis der Blockade und der Konterbande, die Verwundeten- und Krankenfürsorge im Kriege, die Kolonisierungsbestrebungen der Großmächte, der internationale Post-, Eisenbahn- und Telegraphenverkehr, das zwischenstaatliche Schiedsgerichtswesen sind Tatsachengruppen, welche als solche die Beobachtung der Rechtswissenschaft fordern, nicht bloß darum, weil sie Gegenstand staatlicher Vereinbarungen geworden sind, welche wir als Völkerrecht bezeichnen, sondern weil sie in ihrer Tatsächlichkeit (welche der zwischenstaatlichen Regelung meist auch historisch vorausging) Probleme der Rechtspolitik darstellen. Durch die erfolgten Vereinbarungen haben jene Tatsachengruppen eine neue Bedeutung gewonnen, und die Vereinbarungen selbst bilden einen neuen Gegenstand der Wissenschaft. Aber auch wenn solche Vereinbarungen nicht vorlägen, müßte die Wissenschaft die Tatsachen induzieren und sie andererseits einer rechtspolitischen Synthesis unterwerfen. Der Zweck und Erfolg dieser Synthese wäre nicht sowohl die Form der Regelung (überstaatlich, zwischenstaatlich, auswärtig-staatlich) als vielmehr der Inhalt der jenen Lebensverhältnissen gemäßen rechtlichen Regelung. Dieser Inhalt würde notwendigerweise auf die Sicherung eines bestimmten Verhaltens der Staaten hinauslaufen. Dabei wäre es zunächst von geringer Bedeutung, ob das zu sichernde Verhalten der Staaten als Rechtspflicht aufgefaßt wird. Noch weniger käme es darauf an, ob jenes Verhalten mittelst eines als Rechtsanspruch zu denkenden Begehrens anderer Staaten gefordert werden kann oder muß (Garantiepflicht). Es ist nicht bloß möglich, sondern es entspricht einer weitgeübten Wirklichkeit, daß das im Sinn internationaler Rechtspolitik als wünschenswert erkannte Verhalten der Staaten von diesen ohne äußere Bindung, ohne Vereinbarung und ohne jede heteronome Nötigung tatsächlich mit größter Gleichmäßigkeit und Zuverlässigkeit geübt wird, ohne daß ein Bedürfnis empfunden wird, die Gesichtspunkte der Rechtspflicht, des Rechtsanspruches oder der Garantiepflicht zur Anwendung zu bringen. Das bekannteste und überzeugendste Beispiel dafür ist das Seestraßenrecht. Aber auch die Exterritorialität der Kriegsschiffe, ein Teil des Gesandtschafts- und Konsularrechtes,

§ 4. Völkerrecht und nationales Recht. 19

auch Zweige der älteren Prisenrechtsprechung gehören hierher. Es ist gewißlich besser, wenn die als international wünschenswert erkannten Grundsätze staatlichen Verhaltens ohne rechtliche Bindung tatsächlich befolgt, als wenn sie, obwohl rechtliche Bindung vorliegt, nicht befolgt werden. Insofern sagte ich, daß zunächst nicht nur die besondere Form, in welcher rechtliche Bindung begründet wird, unwesentlich ist, sondern daß es zunächst überhaupt auf rechtliche Bindung nicht ankommt. Es kommt zunächst nur auf den Inhalt an, welcher zur Anwendung gebracht werden soll, und dessen Ermittelung, in Gemäßheit der historisch gegebenen Tatsachen und in Gemäßheit voraussichtlich zu erwartender neuer Tatbestände, Sache der Wissenschaft ist. Dies ist denn auch immer das Verfahren der fruchtbarsten Völkerrechtsschriftsteller, von Hugo Grotius bis auf Bluntschli, ebenso aber auch das der besten wissenschaftlichen Organisationen, wie des Institut de droit international, der International Law Association gewesen. Ob die aus diesem Verfahren erwachsenen Sätze als naturrechtliche Normen oder als Vorschläge für zu treffende Vereinbarungen oder endlich als Feststellung übereinstimmender Anschauungen der verschiedenen Staaten dargestellt werden, ist verhältnismäßig gleichgültig. Es liegt zwar nicht außerhalb des Rahmens der Wissenschaft, auch die Formen zu bedenken und vorzubereiten, in welchen der von ihr als norma agendi gefundene Inhalt am vollkommensten zur Verwirklichung gelangt. Aber die Verwirklichung selbst liegt außerhalb der Aufgabe der Wissenschaft — der Wissenschaft, nicht der Vertreter der Wissenschaft, deren unmittelbare Tätigkeit für die Verwirklichung vielmehr unentbehrlich ist, damit die erforderliche Fühlung und gegenseitige Befruchtung zwischen Theorie und Praxis bestehe. Die Wissenschaft ist und bleibt Theorie, das heißt Betrachtung, wenn auch zweckbezüglich in der Wahl, Abgrenzung und Gliederung (Analyse) des Betrachtungsgegenstandes, zweckbezüglich in der Anordnung (Synthese) des in der Betrachtung gesammelten Stoffes, zweckbezüglich in der Aufsuchung der aus dieser Anordnung erkennbar werdenden Gesetze vernünftigen Handelns. Diese Gesetze zu erkennen, sie darzustellen, zu begründen, ihre Erkenntnis zum Gemeingut zu machen und dadurch deren Verwirklichung herbeizuführen, ist die Hauptaufgabe der Wissenschaft. Die in der Lösung dieser Aufgabe enthaltene Kraftwirkung kann nicht leicht überschätzt werden. Die alte Streitfrage, ob die Rechtswissenschaft Rechtsquelle sei, ist als dialektische Schulfrage müßig. Es liegt aber in ihr die zutreffende Beziehung auf die Erfahrungstatsache, daß die Ergebnisse echter Wissenschaft sich mit unwiderstehlicher innerer Kraft die Welt erobern und früher oder später, in dieser oder in jener Form, Geltung gewinnen. Keineswegs die stärkste, sondern nur die augenfälligste Gestalt dieser Wirkung ist die Umsetzung der wissenschaftlichen Erkenntnis in gesetzliche oder gesetzesähnliche (im Völkerrecht als Staatsvereinbarungen auftretende) förmliche Vorschriften. Innerlich stärker ist die unmittelbare Wirkung auf die ohne Gesetzes- und Vertragsparagraphen sich herstellende Praxis des Staatslebens, insbesondere der Rechtsprechung und der sonstigen Rechtsübung. Diese Wirkung wird teils vermittelt durch die intellektuelle Überzeugungskraft der wissenschaftlichen Lehre, teils aber auch auf dem Wege der Suggestion, und insbesondere der Massensuggestion, der öffentlichen Meinung.

Das ist so im Leben der einzelnen Völker; es ist auch so im internationalen Leben.

IV. Dritte Bemerkung.

Auf keinem anderen Gebiet des Rechtes hat die öffentliche Meinung einen so unmittelbaren und einen so starken Einfluß auf die Bildung des Rechtes wie im Völkerrecht. Auf keinem anderen Gebiet ferner ist die Grenze zwischen der rechtlichen Ordnung und den sonstigen ethischen, auf Sitte[1] und Sittlichkeit gegründeten, in das Rechtsleben hineinreichenden Maßstäben so flüssig wie im Völkerrecht. Diese Maßstäbe ferner sind im Verhältnis der Staaten und Völker so unsicher, bestritten, dem Mißbrauch und der Fälschung so sehr ausgesetzt, sagen wir kurz so unentwickelt, wie in keinem anderen sozialen Verhältnis. Die Moralfrage der auswärtigen Politik stellt nur ein Teilgebiet dieser Schwierigkeiten und Mißlichkeiten dar. Das durch Nationalhaß und Völkerverhetzung sowie durch das Rassenproblem, namentlich aber durch den Wirtschaftskrieg in den Frieden hineingetragene Kriegsprinzip

---

[1] S. meine akademische Rede „Recht und Sitte", Kiel 1902.

reißt wie ein einziger planetarischer Strudel alles in seinen Bereich, was man vor ihm zu retten versucht. Ist doch durch den Gedanken des Wirtschaftskrieges nach dem Kriege auch selbst der Bestand der **Verkehrsunionen** in Frage gestellt. Warum sollte der Wirtschaftskrieg zum Beispiel gerade vor der Boykottierung der internationalen Postbedürfnisse, vor dem **Weltpostverein** haltmachen? Der Wirtschaftskrieg bedroht schlechterdings alle internationalen Güter.

Kurz, es ist klar, daß die Völkerrechtswissenschaft die allgemeinen Maßstäbe der Ethik[1] neben dem Maßstab der Völkerrechtspolitik schon deswegen nicht unberücksichtigt lassen darf und tatsächlich nicht außer Betracht lassen kann, weil der der Wissenschaft zugrunde liegende Zweck tatsächlicher Geltung des Rechtsgedankens im Verhältnis der Staaten und Völker die Erwägung fordert, wie die Ausschaltung und Bekämpfung derjenigen psychologischen Gewalten stattfinden kann, welche der Verwirklichung des Rechtsgedankens im internationalen Verhältnis entgegenwirken. — Die Völkerrechtswissenschaft muß diese Gewalten in allen ihren Formen zu erkennen, ihre Quellen und ihre Berechtigung festzustellen, die ihrem unberechtigten Wirken entgegenzusetzenden Mittel zu finden und zu entwickeln suchen.

Um Mißverständnisse über den Sinn dieser Forderung sofort auszuschließen, sei bemerkt, daß jene Gewalten sowohl in der Richtung eines falschen Internationalismus als in der Richtung eines falschen Nationalismus zu suchen sind.

V. **Aus den vorstehenden Bemerkungen ergibt sich:**

Das Verhältnis von Völkerrecht und Landesrecht ist nicht in technisch-dogmatischer Beschränkung, sondern unter Einschluß der Völkermoral, der Völkerpsychologie, der gesamten sozialen Dynamik ins Auge zu fassen. Man kann diese Erstreckung des Rahmens durch die Antithese „Nationalismus und Internationalismus" bezeichnen. Daß durch diese Ausdehnung des Untersuchungsgebietes die Grundfragen der auswärtigen Politik in die Aufgabe einbezogen werden, bedarf

---

[1] Unter Ethik verstehe ich die Lehre vom menschlichen Verhalten überhaupt, so daß sowohl Recht und Sitte als Sittlichkeit, „Legalität" und „Moralität" eingeschlossen sind. Vgl. dagegen unten S. 29 Anm. 2.

kaum noch der Erwähnung und ist das Wesentlichste in dem Ergebnis.

Die Erstreckung ergreift beide Untersuchungsaufgaben: Die Tatbestände und deren völkerrechtspolitische Ordnung. Nach diesen beiden Richtungen hin ist also das Verhältnis von Nationalismus und Internationalismus zu prüfen.

§ 5.
Nationalismus und Internationalismus.

I. Als Tatbestände, deren Aufweisung und Gruppierung der Völkerrechtswissenschaft obliegt, kommen nach dem Gesagten einerseits alle Erscheinungen in Betracht, welche die Entwicklung der einzelnen Staaten und Völker im Sinne der nationalen Unabhängigkeit, Stärke, Herrschaft im Verhältnis zu anderen Staaten betreffen, andererseits alle Erscheinungen, welche die Entwicklung der Beziehungen der Staaten und Völker im Sinn der internationalen Annäherung, Verständigung, Organisation betreffen.

Die beiden Erscheinungsreihen werden vielfach als sich feindlich entgegenwirkend angesehen. Diese Anschauung ist nicht älter als die politische Nationalitätsbewegung[1] des 19. Jahrhunderts und die fast gleichzeitig mit dieser einsetzende pazifistische Bewegung[2][3].

An und für sich sind diese beiden Bewegungen ohne jede Beziehung zueinander entstanden, und sie sind beide naturgemäß so begrenzt, so sehr auf bestimmte Sonderziele beschränkt, daß gar nicht daran gedacht werden kann, sie als erschöpfenden Ausdruck der die mannigfachsten Beziehungen umfassenden, der Staatenwelt immanenten Kräfte zu nehmen, welche wir hier unter Nationalismus und Internationalismus verstehen; ja, genau genommen stehen sie zu diesen Begriffen nur in dem Verhältnis der Namensähnlichkeit. Aber im Lauf der Zeit haben nationalistische Bewegungen einerseits, der Pazifismus andererseits sich gegeneinander versteift und vielfach politische Tendenzen

---

[1] Deutsches Wartburgfest 18. Oktober 1817. Griechische Hetärie 1814.
[2] American Peace Society 1815, Peace Society in England 1816.
[3] In Deutschland wurden (1891 bis 1892) ungefähr gleichzeitig der Alldeutsche Verband und die Deutsche Friedensgesellschaft gegründet.

angenommen, welche in der Tat dazu geführt haben, daß von der einen Seite jeder Nationalismus, von der anderen Seite jeder Internationalismus diskreditiert und im Parteieifer ein Dilemma zwischen beiden angenommen wird, welches das Auge für die Erkenntnis der Wahrheit blind macht.

II. Die Wahrheit ist, daß im 19. Jahrhundert das nationale Interesse die Staaten zur internationalen Vergesellschaftung geführt hat. Die dynastische Politik, welche noch der heiligen Allianz zugrunde lag, die Kabinettsdiplomatie, welche noch die Politik Napoleons III. charakterisierte, war schon auf den Berliner Kongressen von 1878 und 1885 nur noch historische Reminiszenz. Die Staaten waren an die Stelle der Dynastien, die Staatsregierungen an die Stelle der Kabinette getreten. Vollends auf den Haager Friedenskonferenzen 1899 und 1907 war die Erkenntnis und der Wille der Beteiligten darauf gerichtet, die Interessensolidarität der Staaten festzustellen und Interessenkompromisse abzuschließen.

Ich wiederhole hier [1], was ich im Jahre 1907 geschrieben habe:

Kein Mensch kann heute die Realität einer internationalen Organisation leugnen, wenn man nur, anstatt hinauf zu starren zu den Wolken, und anstatt zu warten, ob von dort völkerrechtliche Offenbarungen oder wohl gar paradiesische Friedensengel sich herablassen möchten, wenn man nur anstatt dessen sich in der nächsten Wirklichkeit des täglichen Lebens gehörig umschaut und erkennt, was die gute Erde selbst hervorzubringen gewußt hat. Will man dies sehen, so lasse man sich nur nicht hypnotisieren von den Problemen des ewigen Friedens und der allgemeinen Abrüstung.

Auch wenn man diese Dinge nicht für leere Phantasien hält, so muß man doch zugeben, daß sie das Äußerste von menschlicher Vollkommenheit, die höchsten und letzten Ziele der internationalen Vergesellschaftung darstellen, mit denen vielleicht das Ganze der völkerrechtlichen Entwicklung abgeschlossen, nimmermehr aber doch das schwierige Werk begonnen werden hann.

Und wir sind erst im Beginn der völkerrechtlichen Entwicklung.

---

[1] Zeitschrift für Internationales Recht. Bd. XX S. 1 ff.

§ 5. Nationalismus und Internationalismus.

Erst in den letzten Jahrzehnten ist in Wirklichkeit eine internationale Rechtsgemeinschaft und damit positiv geltendes Völkerrecht hergestellt worden.

Die praktische **Rechtsgemeinschaft** ist an Stelle der vergeblichen Bemühungen getreten, welche im 18. und 19. Jahrhundert die Dynastien Europas angestellt haben, um den Gedanken des **europäischen Gleichgewichtes** zu verwirklichen. Dieses Prinzip, das nur auf künstliche Ausgleichung der staatlichen **Machtbestrebungen** hinauslief, ist im 19. Jahrhundert durch die auf **nationaler** und **konstitutioneller** Basis erwachsene Maxime über den Haufen geworfen, daß für die internationale Politik die Geltendmachung der **vitalen nationalen Interessen** das maßgebende Gesetz ist. Aus dieser ehrlichen, starken und rücksichtslosen Wahrheit hat sich dann durch die notgedrungene Erkenntnis der **gemeinschaftlichen Kulturinteressen** und **Kulturaufgaben der Staaten** die moderne Verbindung der Staaten zu positiver Rechtsgemeinschaft entwickelt. Der egoistisch emporstrebende Nationalstaat hat sich nicht als Hindernis, sondern als einzige geeignete Grundlage für positives Völkerrecht erwiesen.

Das Bedürfnis des zuverlässig organisierten, gegen Störungen auch im Kriegsfall möglichst sichergestellten internationalen Verkehrs ist so stark, so einleuchtend, daß es wie ein Naturgesetz über alle Hindernisse hinweggeht und die Staaten mit der Vernunftkraft zusammenzwingt. Und die überzeugende und werbende Kraft dieses Prinzipes wirkt weiter und weiter. Der **Postverkehr** ist das Beispiel par excellence. Auf dem Gebiete der **Telegraphie** und des **Eisenbahnverkehrs** haben sich entsprechende Entwicklungen vollzogen oder angebahnt. Das **Seestraßenrecht** sowie die Förderung und der Schutz der Seezeichen liegen in derselben Richtung. Die Schiffahrt auf den großen **internationalen Flüssen** und dem **Suez-Kanal** ist konventional geregelt. Es schließen sich die Konventionen zur internationalen Bekämpfung der **Seuchengefahr** sowie gegen die Reblaus an. In der Nordsee wird internationale **Fischereipolizei** sowie **Schankpolizei** gegen die schwimmenden Schenken geübt. Internationaler **Jagdschutz** besteht im Innern Afrikas sowie in der Nordsee und im Behringsmeer zum Schutz der Robben. Auch internationaler **Vogelschutz** ist neuerdings erreicht. **Zuckerproduktion** und **Zuckerhandel** werden international kontrolliert, **Sklaven-** und **Mädchenhandel** in internationaler Organisation bekämpft. **Erdmessung** und **Tiefseeforschung** sind Gegenstand internationaler Pflege, und **das geistige Eigentum** an Schriftwerken und Erfindungen steht unter einem zwar noch nicht völlig befriedigenden, aber in steter Vervollkommnung begriffenen internationalen Schutz. Seit etwa 15 Jahren endlich sind die Kulturstaaten in emsiger Arbeit und mit fortschreitendem Erfolg bemüht, die Rechtsunsicherheit zu beseitigen, die sich aus der **Buntscheckigkeit** des Rechtes auf dem Erdball ergibt, indem das **internationale Privat-** und **Prozeßrecht** vertragsmäßig kodifiziert wird.

Im Vergleich zu dieser dem Wachstum einer Frühlingsnacht vergleichbaren Entwicklung verdient es kaum Erwähnung, daß erste Ansätze zu diesen Erscheinungen alten Ursprungs sind. In dieser Hinsicht wäre die Behandlung der **internationalen Ströme**, namentlich des **Rheins** und der **Donau**, zu erwähnen. Aber obwohl schon im Westfälischen Frieden und dann immer wieder, besonders nachdrücklich in der Wiener Kongreßakte, das Prinzip der internationalen Stromesfreiheit verkündet wurde, hat erst die zweite Hälfte des 19. Jahrhunderts diesen Grundsatz zu befriedigender Durchführung gebracht.

Ich wiederhole: Erst die Verkehrs- und Rechtsunionen des letzten Menschenalters haben dem Völkerrecht unbestreitbaren und unverlierbaren Inhalt gegeben. Erst die hierdurch geschaffene Organisation des internationalen friedlichen Kulturlebens hat das internationale Recht zu einem positiven und ebenbürtigen Bestandteil der gesamten sozialen Lebensordnung gemacht, als welche der modernen Anschauung **das Recht als Kulturerscheinung (Kohler)** gilt.

Die alte Anschauung vom Völkerrecht als einem über den Staaten stehenden, aus einer höheren Welt kommenden, mehr oder weniger nebelhaften Postulat ist durch diese neueste Entwicklung abgetan. Das neue Völkerrecht ist erdgeboren und positiv. Seine Quelle ist der **Staatenkonsens**. Erst die moderne Erstarkung des Staatsgedankens auf nationaler Grundlage und die dieser Grundlage entsprechende Politik realer Interessenverfolgung hat die Staaten auf den Weg des internationalen Zusammenschlusses gedrängt.

Das Grundproblem des Völkerrechts und damit alle einzelnen Probleme lösen sich in die Frage auf: Wieweit entspricht der internationale Zusammenschluß der nationalen Interessen?

Nach dieser Methode und nach keiner anderen sind auch die schwebenden Fragen des internationalen Kriegsrechtes zu lösen, die auf dem Programm der zweiten Friedenskonferenz stehen. Auch die Völkerrechtspolitik kann nur Interessenpolitik sein. Aber natürlich gilt es, die Staatsinteressen weitsichtig zu würdigen. Und da ist zu sagen: Auch selbst im Gebiete des Kriegsrechtes spricht heute im großen und ganzen das Interesse des Staates für Einschränkung der Kriegswillkür, Schutz der Neutralen und überall Herstellung fester Regeln, nach denen sich Kriegführende und Neutrale richten können, vor allen Dingen der neutrale Handel.

Das Weltverkehrsrecht, dieses echte und starke Kind unserer Zeit, wird seine zwingende Kraft auch in fortschreitender Milderung der Kriegsschrecken zu bewähren wissen. Der es erfüllende und beseelende Gedanke der internationalen Kultur- und Interessengemeinschaft läßt sich fürder nicht mehr als Utopie behandeln. Ihm Förderung zu geben, ist heute nicht mehr ein Zeichen nationaler Schwäche, sondern die Signatur zeitbeherrschenden Weitblickes. Diejenige Nation wird künftig in Krieg und Frieden die stärkste sein und an der Spitze der Zivilisation marschieren, welche die Zeichen der Zeit am aufmerksamsten beobachtet und im vollen Besitz nationaler Kraft, mit der entschiedensten Wahrung nationaler Interessen die Fortschritte der internationalrechtlichen Entwicklung am weitsichtigsten zu verbinden versteht.

III. Von den vorstehenden Sätzen habe ich nach dreijähriger Dauer des Weltkrieges nichts zurückzunehmen. Ich habe auch nichts Wesentliches hinzuzufügen.

Daß der Vaterlandseifer die kämpfenden, ja auch die neutralen Staaten jenachdem bis zur höchsten Erhabenheit oder bis zur sinnlosen Wut ergriffen hat, daß anderseits Amerika den pazifistischen

§ 5. Nationalismus und Internationalismus.

Internationalismus zum Range eines den Krieg rechtfertigenden Kriegsgrundes erhoben hat, ändert nichts an der Proportionalität beider Tendenzen. Sie sind beide im **gleichen Verhältnis** gewachsen. Der allen Völkern gemeinsame **Wunsch eines dauerhaften Weltfriedens** bedeutet keineswegs eine Verschiebung zugunsten des Internationalismus. Denn hinsichtlich der Bedingungen eines dauerhaften Friedens stehen sich nationalistische und internationalistische Anschauungen in ungebrochenem Gegensatz gegenüber, und was von diesem Gegensatz früher zu sagen war, ist jetzt zu wiederholen. Nur Umfang und Grad der Einseitigkeit und damit der falsche Anschein der Unvereinbarkeit beiderGesichtspunkte ist gewachsen. Dadurch ist freilich die Aussicht einer Belehrung der öffentlichen Meinung über die Vereinbarkeit vonNationalismus und Internationalismus aufs neue schwer verfinstert worden. Die Wichtigkeit der Belehrung ist zur Dringlichkeit gesteigert. Sie durch vertiefte Forschung zu begründen' ist eine Aufgabe der Völkerrechtswissenschaft, welche nicht aus dem Bedürfnis der gegenwärtigen Weltlage erwachsen, aber durch diese in ein grelleres Licht gesetzt ist, als es jemals zuvor geschehen ist.

Wenn in den verschiedensten Wendungen und Formen jetzt die Bedingungen eines dauerhaften Weltfriedens gesucht werden und sogar besondere Gesellschaften für das Studium dieser Frage tätig sind, so sollten diese Bemühungen zu allererst darauf gerichtet werden, das historisch-politische und völkerrechts-politische Verständnis für das Verhältnis von Nationalismus und Internationalismus zum Gemeingut der Völker zu machen.

IV. Der zwischen Nationalisten und Internationalisten klaffende Abgrund ist in Wahrheit nicht so weit, daß eine Brücke unmöglich wäre.

Ich wiederhole, was ich 1910[1]) schrieb:

„Der Punkt, wo diese Brücke angesetzt werden muß, ist das Moment des nationalen Egoismus. Der Internationalismus verlangt, richtig verstanden, von keinem Staate etwas, was seinem nationalen Egoismus nicht gemäß wäre. Weit vollkommener noch als auf dem Gebiet des innerstaatlichen

---

[1] „Deutsche Revue" August 1910.

Rechtes findet das Recht im internationalen Verhältnis seinen Maßstab lediglich in dem wohlverstandenen Interesse aller Glieder der Rechtsgemeinschaft. Wenn man als das Grundprinzip des Völkerrechts den Satz erkennt und folgerichtig verfolgt, daß nur durch Staatenkonsens Völkerrecht begründet wird, so ergibt sich die uneingeschränkte Geltung jenes Maßstabes von selbst. Was von Spinoza als Argument gegen die Existenz des Völkerrechts geltend gemacht wurde, nämlich die Beobachtung, daß die Staaten sich an die völkerrechtlichen Normen nur gebunden erachten' wenn und soweit sie wollen, dies bezeichnet vielmehr nach moderner Auffassung zutreffend die Grundlage der Möglichkeit und Wirklichkeit des Völkerrechts. Die Willkür der Staaten, ihre souveräne Selbstbehauptung und Handlungsfreiheit wird tatsächlich beschränkt durch die Vernunft der Dinge. Die Vernunft ist es, die die Staaten zwingt, ihre Zusagen zu halten und gemeinsame Interessen, gemeinsame Aufgaben durch gemeinsames Wirken zu pflegen.

Man untersuche nur einmal gründlich, welchen Zuwachs an Ansehen und Macht das Deutsche Reich durch den Weltpostverein, welche Steigerung die Weltgeltung Deutschlands durch seine einflußreiche Beteiligung nicht nur an den Weltkongressen von 1878 und 1885, sondern auch an den Haager Konferenzen von 1899 und 1907 erfahren hat. Man erwäge, welchen wirtschaftlichen Gewinn jede einzelne Nation durch weitschauende Handels- und Niederlassungsverträge, durch internationale Vereinbarungen über Telegraphie und Eisenbahnwesen, über Verkehrseinrichtungen jeder anderen Art, über geistiges Eigentum und Rechtshilfe erzielt, und man wird dem Werte der internationalen Organisation, der Unentbehrlichkeit völkerrechtlicher Bindungen besser gerecht werden als mit dem Gefühl lästiger Beeinträchtigungen der nationalen Freiheit.

Die von Kaiser Wilhelm vor einigen Jahren in Bremen in bezug auf den Handel gebrauchte Wendung (sie soll der amerikanischen Literatur entstammen): „Our trouble now is not so much to vanquish as to find" darf auch auf diese Ziele angewendet werden.

Nationale Blüte setzt nicht die Zertrümmerung konkurrierender Interessen voraus; sie kann auch aus der schöpferischen

Kraft des Zusammenwirkens und des Entgegenkommens sich gegenseitig achtender und helfender Staaten erwachsen."

§ 6.
Die Anwendung des Rechtsgedankens auf das Verhältnis der Staaten.

I. Wenn man nicht sowohl eine logische Definierung des Rechtes sucht (auf die es für die hier verfolgten Zwecke durchaus nicht ankommt), als vielmehr eine Beschreibung des in den Erscheinungen des Rechtslebens Wesentlichen, so ergibt sich ebensowohl aus der Fülle der praktischen Anschauung wie aus der gedankenmäßigen Versenkung in die Zusammenhänge des Gemeinlebens, daß alles Recht an den einzelnen Menschen herantritt als die **Nötigung**, sein Verhalten auf **Zusammenleben** einzustellen, sein Tun und Lassen der Rücksicht auf die Mitlebenden und Nachlebenden anzupassen, die eigenen Ansprüche mit den Ansprüchen anderer gemessen zu sehen[1].

Man sieht sofort, daß damit nichts gesagt ist, was das besondere Wesen des Rechtes im Unterschied zu jenen anderen Forderungen an das soziale Verhalten der Menschen ausdrückt, die wir mit dem Namen **Sittenvorschriften** zusammenfassen, und welchen sich die **konventionelle Sittlichkeit**[2] wesensgleich anschließt. In der Tat sind die Grenzen zwischen diesen Gebieten flüssig, und das Recht unterscheidet sich in der bezeichneten Forderung, die man als den **kategorischen Imperativ des sozialen Lebens** bezeichnen kann, nicht von den beiden anderen soeben genannten Gebieten[3].

---

[1] Die spezifisch **römische Behandlung der Berechtigungen** als dem Wesentlichen im Recht (übrigens von den Romanisten vielfach geschichtswidrig übertrieben) war ein **technisches Verfahren**, dessen Bedeutung als solches zu würdigen ist.

[2] Wohl zu unterscheiden von der inneren Sittlichkeit, deren Maßstab lediglich die Gesinnung und das Gewissen sind. Aus der neuesten Literatur vgl. Binder, Rechtsbegriff und Rechtsidee (Leipzig 1915). Binder nennt das, was ich innere Sittlichkeit nenne, Ethik. Vgl. insbesondere S. 215. Ebenso Stammler, Die Lehre vom richtigen Recht, 1902, z. B. S. 54.

[3] Näher ausgeführt habe ich dies in „Recht und Sitte", Akademische Rede, Kiel 1902.

§ 6. Anwendung d. Rechtsgedankens a. d. Verhältnis d. Staaten.

Forscht man nach den näheren Merkmalen der Forderungen des Rechtes, in bezug auf seinen Inhalt, so stellt sich die Notwendigkeit heraus, zu unterscheiden zwischen dem, was tatsächlich verlangt wird (positives Recht), und dem, was richtigerweise zu verlangen ist, (immanentes Recht).

Das positive Recht ist einer allgemeinen Betrachtung der angegebenen Art nicht zugänglich. Denn es kann so Unsinniges und so Ungerechtes als Rechtsforderung aufgestellt und durch herrschende Gewalten zur Geltung gebracht werden (Tyrannei der Massen und Tyrannei von Einzelnen stehen sich darin gleich), daß jeder vernünftige Maßstab dabei ausgeschlossen ist; und von solchem Recht zum richtigen Recht führt eine vielsprossige Stufenleiter.

Also nur der richtige Inhalt des Rechtes[1] ist einer allgemeinen Erörterung seiner Merkmale zugänglich.

Es kommt, wie gesagt, hier nicht auf Definitionen an. Von den Definitionen sind zu unterscheiden prägnante Beschreibungen, die nicht dialektisch erschöpfend sind, sondern psychologisch Assoziationen auslösen wollen und welche weit mehr bedeuten, als was ihre Worte lexikalisch sagen. Dazu gehört der von Kant geprägte kategorische Imperativ: „Handle so, daß die Maxime deines Willens jederzeit zugleich als Prinzip einer allgemeinen Gesetzgebung gelten könne"[2], und ferner Kants „Bestimmung des Rechtsbegriffes"[3], durch den Satz: „Das Recht ist der Inbegriff der Bedingungen, unter denen die Willkür des einen mit der Willkür des anderen nach einem allgemeinen Gesetze der Freiheit vereinigt werden kann."

Kants Formeln weisen majestätisch auf den richtigen Weg, aber sie führen den Weg nicht zu Ende. Sie beschränken sich auf das sozial Notwendige und schließen nicht das bloß Nützliche ein.

---

[1] Vgl. Stammler, Die Lehre vom richtigen Recht, S. 54.

[2] Kritik der praktischen Vernunft § 7, Kants Werke, herausgegeben von Kirchbach, Bd. II S. 35.

[3] Daß diese Wendung nicht im Sinn der Definition zu nehmen ist, sondern eine Beschreibung der „Rechtsidee" ist, ist in der Literatur wiederholt bemerkt worden.

[4] Metaphysik der Sitten, Einleitung in die Rechtslehre § B, Kants Werke, herausgegeben von Kirchbach, Bd. III S. 31.

§ 6. Anwendung d. Rechtsgedankens a. d. Verhältnis d. Staaten. 31

Wir müssen in der von Kant gewiesenen Richtung weiter fortschreiten.

Die uns im 19. Jahrhundert erwachsene soziologische Erkenntnis hat den Gesichtskreis dahin erweitert, daß Recht und Staat nicht nur Mittel zur Aufrechthaltung der Ordnung, Schutzvorrichtungen gegen Unrecht, sondern Veranstaltungen zu fruchtbarem Zusammenwirken, Organisationen zur Lösung höchster Kulturaufgaben sind [1] [2].

---

[1] „Das Recht bildet nicht etwa nur das leblose granitene Fundament für unser Kulturleben. Es herrscht vielmehr als etwas Lebendiges, Organisches, Schöpferisches. Es lebt in jeder Ader und in jeder Zelle des sozialen Körpers. Es hat teil an allen förderlichen Einrichtungen und Vorgängen des menschlichen Gemeinlebens. Ohne es gibt es nicht Kirche, nicht Ehe noch Familie. Die Kunst wie die Wissenschaft bedarf seiner Stütze und Hilfe. Oder gäbe es wirklich irgendwo Kunst ohne die Sicherheit und Freiheit der Persönlichkeit, welche mangels rechtlicher Ordnung nicht vorhanden, nicht möglich ist? Wäre Wissenschaft ohne Gemeinleben, ohne Arbeitsteilung, ohne Schrifttum möglich?

Erfahrung lehrt, daß auch in den Einzelheiten des Kulturlebens, sogar in der künstlerischen und wissenschaftlichen Entwicklung das Recht unentbehrlich ist. Man vergegenwärtige sich die positive Mitarbeit des Staates an der Pflege der Kulturinteressen. Man denke sich einmal aus, wie die Lage von Kunst und Wissenschaft sein würde ohne Hochschulen, Museen, Bibliotheken, ohne Stipendien und Stiftungen, ohne Urheberrecht und ohne staatliche Fürsorge für so unproduktive Kulturunternehmungen, wie archäologische Ausgrabungen und arktische Expeditionen.

Man wendet vielleicht ein, daß alles dieses oder vieles davon ganz ohne Staat und Recht sich einstellen könnte, sich auch tatsächlich hier und da eingestellt habe durch private Freigebigkeit. Aber jede Schenkung, jede Stiftung gehört der Welt des Rechtes an. Wenn auch der Entschluß und die erste Tat ohne alle Beziehung zum Rechte ist, die Gewähr für den Bestand aller dieser Dinge wird nur durch das Recht gegeben.

Nur das kommt in Frage für die praktische Fortentwicklung, wie weit Staat und Recht sich der Kulturaufgaben annehmen sollen, wie weit sie unmittelbar, oder bloß mittelbar, wie weit sie nur allgemein oder auch im einzelnen den Kulturinhalt pflegen und fördern sollen. Nicht fraglich aber ist, daß das Recht in aller Erfahrung die Voraussetzung unserer Kulturgemeinschaft und die notwendige oder zweckmäßige Form für unendlich viele Kulturbeziehungen ist, daß sie nicht nur eine unerwünschte Unentbehrlichkeit, sondern die willkommene Beschützerin und Helferin wohltätiger und schöpferischer Lebensmächte ist, welcher nichts Menschliches fremd ist." (Recht und Sitte S. 5.)

[2] Deutsche Rechtssprichwörter sagen bereits: „Recht kommt von Gott", „Recht ist Steuer und Grundveste aller guten Dinge", und wenn

§ 6. Anwendung d. Rechtsgedankens a. d. Verhalten d. Staaten.

Adolph Wagner[1] hat klargelegt, daß die Aufgaben von Recht und Staat sich in zwei Zwecke gliedern.
Erstens: **Rechts- und Machtzweck.**
Zweitens: **Kultur- und Wohlfahrtszweck.**
Auf ganz anderen Wegen ist Rudolf Stammler dazu gelangt, das „soziale Ideal" als den Maßstab des richtigen Rechtes so zu zergliedern, daß sich zwei Forderungen ergeben:
Erstens: des „**grundsätzlichen Achtens**".
Zweitens: des „**richtigen Teilnehmens**".
In diesen beiden aus ganz verschiedenen Veranlassungen hervorgegangenen und in ganz verschiedenen Zusammenhängen stehenden Darlegungen tritt der Fortschritt der Entwicklung und der Erkenntnis zutage, welcher sich im 19. Jahrhundert im Gebiet der Staatstätigkeiten und in der Wissenschaft des Rechtes vollzogen hat.

Wilhelm v. Humboldt[3] stellte an den Staat noch die Anforderung, daß er sich in die Privatangelegenheiten der Bürger nicht weiter mischen solle, als soweit es sich um die Kränkung der Rechte des einen durch den anderen handle[4].

Der sozialisierte Staat des 20. Jahrhunderts hat den Fortschritt zum Kultur- und Wohlfahrtszweck sowie zu dem Prinzip des rechten Teilnehmens so gründlich vollzogen, daß es überflüssig ist, darüber hier noch Besonderes zu sagen.

---

der römische Jurist sagte: „Jus est ars aequi est boni, cujus merito quis nos sacerdotes appellet", so war auch dies mehr als eine pathetische Phrase.

[1] Allgemeine oder theoretische Volkswirtschaftslehre. Erster Teil. Grundlegung (1876) § 165 S. 257: „Der Staat fortschreitender Völker hört immer mehr auf, einseitiger Rechtsstaat zu sein, und wird immer mehr Kultur- und Wohlfahrtsstaat in dem Sinn, daß seine Leistungen auf dem Gebiet des Kultur- und Wohlfahrtszweckes sich beständig ausdehnen und einen reicheren und mannigfaltigeren Inhalt gewinnen."

[2] Die Lehre vom richtigen Recht, S. 204 ff.

[3] Ideen zum einem Versuch, die Grenzen der Wirksamkeit des Staates zu bestimmen. Breslau 1851 (geschrieben 1800).

[4] A. a. O. S. 17. — Viel schärfer hat Stuart Mill (Über die Freiheit, übersetzt von E. Pickford, Frankfurt 1800) sich in gleichem Sinn ausgesprochen. S. dagegen R. v. Jhering, Der Zweck im Recht, Bd. I (1877. S. 529 ff.).

§. 6. Anwendung d. Rechtsgedankens a. d. Verhalten d. Staaten.

Wir können zusammenfassend sagen, daß nach dem Stande der heutigen Einsicht das richtige Recht zweierlei leisten soll: Ordnungs- und Wohlfahrtspflege.

II. Auf das Verhältnis der Staaten angewendet, ergibt der vorstehend gezeichnete Rechtsgedanke die Erkenntnis, daß das Völkerrecht eine Entwicklung genommen hat, welche derjenigen im Staate insofern entgegengesetzt ist, als die Entwicklung der internationalen Wohlfahrtspflege seltsamerweise der Ordnungspflege weit vorausgeeilt, die letztere nur höchst unvollkommen gefördert und die Grundlage der internationalen rechtlichen Beziehungen immer wieder dadurch in Frage gestellt ist, daß Krieg und sonstige Gewalttat die friedliche Ordnung durchbricht und ablöst.

Dies ist nicht nur der tatsächliche Zustand der Dinge, sondern die im geltenden Völkerrecht, welches den Krieg zuläßt, normativ anerkannte Sachlage [1].

Darauf ist weiterhin genauer einzugehen.

III. Daß im Staate umgekehrt zuerst Ordnung und dann erst Wohlfahrt zum Gegenstand der rechtlichen Fürsorge gemacht wird, mag uns fast selbstverständlich dünken, und man ist geneigt, den Hergang rationalistisch damit zu erklären, daß die Ordnung der wichtigere, der elementare Teil der Rechtspflege sei, während die Wohlfahrtsfürsorge als ein Luxus erscheint, zu welchem der Staat erst auf der Stufe hochentwickelter Kultur gelangen könne.

Diese Erklärung hält aber gegenüber der Geschichte nicht stand.

---

[1] „Das überlieferte Völkerrecht erlaubt die Kriegführung. Das Völkerrecht prüft auch nicht, ob die Kriegführung auf gerechter Veranlassung beruht. Der Staat, welcher seine Existenz auf des Schwertes Spitze und Schneide setzt, übt rechtmäßige Gewalt, wie er sich dem rechtmäßigen Entschluß aller anderen neutralen Staaten aussetzt, ihre Waffen gegen ihn selbst zu kehren und ihn in Ausübung gleichfalls rechtmäßiger Gewalt bis zur Vernichtung zu bekämpfen.

Ob dieser Zustand des Rechtes gut oder schlecht, ob er notwendig oder abschaffbar ist, ob er sich mit der Idee völkerrechtlicher Gemeinschaft der Staaten verträgt, das ist eine Frage für sich. Nur auf die Feststellung kommt es hier an, daß das Völkerrecht, welches bislang gilt, keine andere Legitimation für die Kriegführung verlangt, als die Kundgebung des Willens zur Kriegführung."

(„Die Grenzboten", 76. Jahrgang. 1917, S. 331.)

Der Hergang ist tatsächlich nicht immer und überall so gewesen. Das mohammedanisch-arabische Gemeinwesen hat im Koran sofort mit der Ordnung des Notwendigen auch weitgehende Wohlfahrtspflege in der Form religionsrechtlicher Vorschriften empfangen. Bei genauerer Untersuchung wird man auch in dem ältesten Rom sowie in den älteren orientalischen und griechischen Rechtsordnungen mehr Wohlfahrtspflege finden, als man zunächst erwartet. Auch haben nicht wenige koloniale Gründungen in späterer Zeit stattgefunden, bei denen die Flagge dem Handel, die Ordnungspflege der Wohlfahrtspflege gefolgt ist.

Aber auch wo staatliche Organisationen in der Weise entstanden sind, daß zuvörderst der Rechts- und Machtzweck verwirklicht, die Wohlfahrtspflege aber aus dem Spiel gelassen wurde, wie es bei der Entstehung europäischer Staatswesen im Mittelalter überwiegend der Fall war, trifft die angedeutete rationalistische Erklärung nicht zu. Denn Machtbedürfnis, nicht Rechtsgefühl, Herrschsucht, nicht gesetzgeberische Weisheit führte die Gewalthaber dazu, in die aus kriegerischen Vorgängen hervorgegangenen Unterwerfungsverhältnisse Ordnung zu bringen. Wenn dabei Selbstbeschränkung geübt und durch Duldsamkeit, Gerechtigkeit und Umsicht ein die Untertanen befriedigender Rechtszustand geschaffen wurde, so war das eine Wirkung, welche zwar vernünftiger Erwägung entsprach, aber keineswegs einer vom Ordner gehegten altruistischen Absicht entsprang.

Es wäre eine würdige Aufgabe wissenschaftlicher Forschung, diese Gedankengänge in umfassender Einzeluntersuchung fortzusetzen. Man könnte eine Geschichte der sozialen Dynamik in bezug auf die Rechtspolitik schreiben. Hier genügt der Hinweis darauf, daß meist aus Machtsucht und Kampf die rechtliche **Ordnung** erwachsen ist, welche wir als Himmelstochter verehren, selbst wo sie den Segen rechtlich gewährleisteter **Wohlfahrt** nicht spendet. Die Wohlfahrtspflege kehrt als Glied der Rechtspflege in das geordnete Staatswesen mit Sicherheit ein, nachdem die sozialen und politischen Kräfte innerhalb des Staates zu jenem Gleichgewicht gelangt sind, welches wir als Konstitutionalismus (in einem sehr weiten, die republikanische Staatsform mitumfassenden Sinn) bezeichnen.

§ 6. Anwendung d. Rechtsgedankens a. d. Verhältnis d. Staaten. 35

IV. Auf den Gegensatz der typischen Entwicklung von Ordnungs- und Wohlfahrtspflege einerseits im Recht der einzelnen Staaten, anderseits im Verhältnis der Staaten zueinander ist noch etwas näher einzugehen.

Die Feststellung, daß im Verhältnis der Staaten die auf rechtliche Grundlagen gestellte Wohlfahrtspflege zu hoher Blüte entwickelt ist, ohne daß es bisher den Staaten gelungen ist, einen rechtlichen Schutz der elementaren Bedingungen gesicherter Existenz herzustellen, wird nicht bestritten werden können.

Während in Gestalt des Weltpostvereins, der Telegraphen-Union und zahlreicher anderer Unionen feine und starke Netze wohlorganisierter Verkehrsbeziehungen über unseren Planeten laufen, sind die Staaten durch keine überstaatliche oder zwischenstaatliche Vorschrift gehindert, jede Gewalttat zu unternehmen, wenn sie sich nur des Namens Krieg bedienen.

Nicht nur sind bisher alle auf völkerrechtliche Sicherung der Existenz, Unverletzlichkeit, Freiheit, Ehre der Staaten gerichteten Bestrebungen gescheitert; vielmehr ist der Krieg, und damit die gewalttätige Erzwingung politischer Veränderungen vom Völkerrecht ausdrücklich zugelassen. Der innerhalb der Staaten als erstes Element der Rechtsordnung erscheinende Schutz der Existenz und der Freiheit der Rechtsgenossen: die rechtliche Ausschließung willkürlicher Gewalt, findet im geltenden Völkerrecht kein Analogon für die Staaten.

Der Bestand der Staatenwelt beruht also nicht auf völkerrechtlicher, sondern auf politischer Grundlage.

Wenn man dies sagt, so versteht man unter der politischen Grundlage das Machtverhältnis der Staaten. Wie mannigfaltig und verwickelt die Vielheit von Umständen ist, durch welche das Machtverhälsnis der Staaten bestimmt ist, haben wir erst in der Gegenwart durch den Weltkrieg gelernt, die erste Weltkatastrophe, in welcher wirklich alles ausgekehrt wird, was an irgendwelchen Kräften in jedem einzelnen Staat vorhanden ist. Früher hat man sich die Machtverhältnisse der Staaten einfacher gedacht.

Der bezeichnende Ausdruck für die der Diplomatenkunst des 17. und 18. Jahrhunderts entstammende, erst im letzten Drittel des 19. Jahrhunderts langsam verblichene alte Politik ist der Terminus „Europäisches Gleichgewicht". Die

§ 6. Anwendung d. Rechtsgedankens a. d. Verhältnis d. Staaten.

Vorstellung, daß jeder Staat bestrebt ist, das große Schaukelbrett Europas durch Ländererwerb, Militärmacht und andere Mittel auf seiner Seite niederzudrücken und möglichst die anderen Staaten, namentlich die kleinen Mitspieler, in die Luft zu prellen, liegt bewußt oder unbewußt nicht nur jenem Ausdruck zugrunde[1], sondern entspricht der auswärtigen Politik zweier Jahrhunderte. In seiner jüngsten Entwicklung hat der Gedanke des politischen Gleichgewichtes (seit Mitte des 19. Jahrhunderts tritt der Ausdruck: Concert Européen"[2] daneben), eine hier besonders interessierende Wandlung erfahren. Diese beruht auf dem Gedanken, daß es Aufgabe der Staatenpolitik sei, die Machtverhältnisse so zu gestalten, daß ein Gleichgewicht von Staatengruppen vorhanden sei, welches militärische Vergewaltigung einzelner Staaten ausschließe, wodurch die Kriegführung zwecklos gemacht werde, ein Gedanke, welcher eine gewisse Fortentwicklung erfahren hat durch die in neuester Zeit (1878, 1894) öfter bei Friedensschlüssen geübte Intervention neutral gebliebener Staatengruppen zugunsten des Besiegten, womit, wie man meinen könnte, dem Kriegszweck das Herz ausgebrochen wird.

Auch in dieser neuen Wendung leistet die Gleichgewichtspolitik dem Gedanken der Friedensordnung nur falsche Dienste. Ihr Erfolg ist im Kriege und im Frieden von Umständen abhängig, welche jedes rechtlichen Maßstabes spotten, und deren furchtbare Explosivwirkung nach länger verhaltenen Spannungen nur um so gräßlicher gesteigert wird.

Der Weltkrieg hat für alle Zukunft ein auf Gruppengleichgewichtspolitik gesetztes Friedensvertrauen unmöglich gemacht. Die Intervention neutraler Staaten, welche dem Sieger den nahe winkenden Siegespreis entreißt, wirkt höchstens für den Augenblick ausgleichend. Die durch sie begründete, zunächst verborgene neue Spannung zwischen den Gegnern sowie zwischen dem Sieger und dem Intervenienten bereitet für die Zukunft neue Katastrophen vor.

---

[1] Er kommt seit den großen Friedensinstrumenten von 1648 und 1713 als „bilanx Europae", „justum potentiae aequilibrium", „trutina Europae" vor.

[2] Häufig mißverstanden in der deutschen Form „Europäisches Konzert"!

V. **Welche Aufgabe erwächst aus dieser Sachlage der Völkerrechtswissenschaft?**

Die Völkerrechtswissenschaft hat dasjenige zu leisten, was innerhalb ihres Rahmens und mit ihren Mitteln möglich ist, um die beiden Seiten der Rechtspflege: **Ordnung und Wohlfahrt**, **gegenseitiges Achten und Helfen** im Verhältnis der Staaten zu fördern.

Daß der Rahmen der Völkerrechtswissenschaft weit genug gespannt werden muß, um alle Maßstäbe des Verhaltens der Staaten und Völker gegeneinander zu umfassen, ist bereits gesagt worden[1].

Man muß zu erkennen suchen, welche Umstände die Staaten dazu geführt haben, einerseits in Gestalt höchstentwickelter Unionen sich zu Wohlfahrtszwecken zu verbinden, anderseits die elementaren Grundsätze sozialer Ordnung aus ihren Beziehungen auszuschalten.

Zu diesem Behuf muß vor allem die **Geschichte der Staatenbeziehungen**, nicht etwa nur die Geschichte der sogenannten auswärtigen Politik, sondern auch die Geschichte des internationalen Verkehrs (im weitesten Sinn[2] erforscht und in einer den besonderen Zielen der Völkerrechtswissenschaft entsprechenden Weise dargestellt werden. Der „**Wahnsinn der Handelsfeindseligkeit**"[3] wird dabei eine wichtige Rolle spielen. Die Ängstlichkeit, mit welcher die Staaten beim Abschluß der Unionen gerade den Handelsbeziehungen aus dem Wege zu gehen pflegen, wird dabei Beachtung fordern. Die in den einzelnen Staaten treibenden Kräfte und Interessen: Urerzeugung (Landwirtschaft, Forstwirtschaft, Bergbau), Industrie

---

[1] S. oben S. 21.

[2] „**Wissenschaft des Weltverkehrs**" in dem Sinn, daß Geographie, Geschichte, Wirtschaftskunde, Völkerkunde, Völkerrecht, Rechtsvergleichung und Internationales Privatrecht sich methodisch verbinden, ist eine Idee, welcher an der Kieler Universität bereits praktisch näher getreten worden ist. Das Kieler Seminar für Internationales Recht verdankt ihr mittelbar seine Entstehung. Vgl. darüber: „Aus dem Seminar für Internationales Recht, Was wir mit dem Völkerrecht während des Krieges anfangen". Von Th. Niemeyer. Sonderabdruck aus „Gruß der Universität Kiel an ihre Kommilitonen im Felde". Kiel 1916.

[3] Vgl. L. Brentano, „Über den Wahnsinn der Handelsfeindseligkeit", München (E. Reinhardt) 1916.

38 § 6. Anwendung d. Rechtsgedankens a. d. Verhältnis d. Staaten.

und Handwerk, Handel, Bankwesen und Schiffahrt der einzelnen Länder in der Beziehung zu anderen Ländern, die parteipolitischen Kräfte der einzelnen Staaten und deren Auswirkung gegenüber dem Auslande, die Bedeutung der Stände und Berufe, der Einfluß von Wehrstand und Lehrstand, die Wirksamkeit der Presse sowie zahlreiche andere Zusammenhänge werden in bezug auf das Verhältnis der Staaten zu untersuchen und in ihrer gegenseitigen Beeinflussung oder Bekämpfung zu beobachten sein. Auf diese Weise wird man methodisch erkennen lernen, inwieweit die bestehenden internationalen Beziehungen die Folge der Verhältnisse der einzelnen Staaten und der Weltlage sind, inwieweit sie durch den persönlichen politischen Willen leitender Staatsmänner bestimmt, inwieweit sie durch die Kunst, die Intriguen, die Fehler der ausführenden Diplomatie beeinflußt sind.

Die Methoden für die in dieser Richtung zu unternehmenden Arbeiten müssen bei der Durcharbeitung des Stoffes selbst gefunden werden. Induktion und Deduktion dabei sich die Hand reichen.

Die Naturgeschichte der öffentlichen Meinung, der Psychologie der Massen in bezug auf das Verhältnis der Staaten und Völker bedürfen methodischer Untersuchung.

Damit ist eine andere Richtung der Forschung berührt, nämlich die Untersuchung der in der jeweiligen Gegenwart bestehenden Tatbestände, Interessen, Bestrebungen der internationalen Politik.

Die Gegensätze und die Möglichkeit ihrer Ausgleichung, die Unterscheidung zwischen absoluten Interessen der einzelnen Staaten einerseits, willkürlichen, mißgegriffenen und ungerechten Ansprüchen anderseits, muß in objektiver Wissenschaftlichkeit erwogen und beurteilt werden. Wie schwer, ja aussichtslos, dies in der Gegenwart auch erscheint, wie lange es dauern mag, bis es der Wissenschaft gelingt, auf diesem abschüssigen Gebiet Fuß zu fassen, — erstrebt muß es werden, und erreicht wird es auch werden.

VI. Eine von den soeben bezeichneten Aufgaben sehr verschiedene Aufgabe künftiger Völkerrechtswissenschaft, eine im hergebrachten Sinn fachliche Aufgabe, muß hier noch besonders hervorgehoben werden. Sie betrifft die von Staat zu Staat

§ 6. Anwendung d. Rechtsgedankens a. d. Verhältnis d. Staaten. 39

getroffenen Abmachungen (Staatsverträge, Konventionen, Abkommen, Vereinbarungen).

Die grundlegende Wichtigkeit der Materie bedarf hier keiner Hervorhebung. Aus dieser Wichtigkeit ergibt sich das Erfordernis einer auch technisch klar zum Ausdruck kommenden Unterscheidung der rein politischen Abreden (zu dem ebensowohl Schutz- und Trutzbündnisse wie „Militärkonventionen" gehören), der rechtsgeschäftlichen Verträge und der rechtssetzenden Vereinbarungen. Außerdem aber bedarf auch die Technik der Verträge selbst, ihre Terminologie und Stylistik einer genaueren wissenschaftlichen Behandlung, als ihr bisher gewidmet ist.

VII. Die Fülle einzelner Gegenstände aufzuzeigen, welche teils bereits in der anerkannten Richtung der Völkerrechtswissenschaft gegeben sind, teils sich aus derjenigen Erweiterung der Wissenschaft des Völkerrechts ergeben, welcher hier das Wort geredet wird, ist nicht der Zweck dieser Darlegung.

Anstatt dessen sei gestattet, das wissenschaftliche Glaubensbekenntnis hier wiederzugeben, welches der Verfasser als Leiter und Vertreter des seiner Fürsorge anvertrauten Seminars für Internationles Recht an der Universität Kiel bei Gelegenheit einer Botschaft an die im Felde stehenden Kommilitonen[1] abgelegt hat:

„Wir glauben, daß trotz allen Zusammenbruches, trotz allen Wahnsinnes und trotz allen Verbrechens das Völkerrecht als Idee und als Lebenserscheinung geblieben ist, was es war. Wir glauben, daß im Weltkriege viel unechtes Völkerrecht seines falschen Anscheins entkleidet und etliches echte Völkerrecht klar im Feuer geworden ist. Wir glauben aber ferner, daß das Völkerrecht des Krieges nur unter dem Zeichen des Krieges stehen kann. Wir meinen, daß der Krieg nimmermehr ein Rechtsverhältnis, das heißt ein als Ganzes völkerrechtlich geordneter Tatbestand ist, sondern daß immer nur in gewissen, vom Kriegszweck abtrennbaren Beziehungen Kriegsvölkerrecht möglich ist. Wir denken, so lange der Wille zur Macht die Politik der Staaten leidet, werde es Kriege geben, und wir denken, so lange nicht das Bewußtsein inter-

---

[1] S. die oben S. 37 Anm. 1 erwähnte Schrift.

nationaler Interessensolidarität und der Wille gegenseitiger Achtung und gegenseitigen Helfens die Staatenpolitik bestimmt, ebenso lange wird auch während des Friedens im Hintergrunde der internationalen Verständigungen der Krieg lauern, und ebenso lange wird notgedrungen die Rücksicht auf ihn auch den letzten Maßstab der internationalen Politik bilden.

Wir glauben aber in tiefster Überzeugung an das Fortschreiten und an den endlichen Sieg des Gemeinschaftsgedankens, also an die Zukunft des Völkerrechtes, auf dem Grunde der Vernunft."

Printed by Libri Plureos GmbH
in Hamburg, Germany